# Inhalt

## Point of Sale (PoS) - Der Kampf um Kunden an der Marketingfront wird virtueller

Kernthesen

Beitrag

Fallbeispiele

Weiterführende Literatur

Impressum

# Point of Sale (PoS) - Der Kampf um Kunden an der Marketingfront wird virtueller

H.Reil

## Kernthesen

- Die digitale Revolution macht auch vor dem Point of Sale (PoS) nicht halt. Smart Phones, Tablet PCs und Digital Signage kurbeln den Umsatz an.
- Unter den Below-the-Line-Medien verzeichnete der PoS 2010 den größten Zuwachs und legte im Vergleich mit dem Vorjahr um 11,4 Prozent zu.
- Am Point of Sale wird mit allen Mitteln gekämpft. Die Firma Air Creative will den

Kunden mit Beduftungsanlagen betören, aber auch Soundbranding spielt eine immer größere Rolle.

## Beitrag

## Der Point of Sale wandert mit dem Kunden mit

Der Point of Sale ist die Frontlinie des Marketings, und zwar so sehr, dass manche Kunden damit folgendes Bild assoziieren: Ein Verkäufer versucht, sein Produkt mit überschäumender Eloquenz an den Mann beziehungsweise die Frau zu bringen. Zwar haben traditionelle "Gefechtstaktiken" wie das gesprochene Wort nichts von ihrer Bedeutung verloren, doch der Kampf um den Kunden wird zunehmend virtueller. Auch der PoS hat die digitale Revolution für sich entdeckt: Smart Phones, Tablet-PCs oder Digital Signage werden den Point of Sale in Zukunft noch mehr aufmischen, als sie es jetzt schon tun. Der PoS wird außerdem mobiler oder besser gesagt: Er wandert mit dem Kunden mit. Nils Müller, Gründer des Trendforschungsinstituts TrendONE, malte auf einem Kongress zur Untermauerung dieser These folgendes Szenario: Kaffee-Junkies werden ihren Wunschkaffee schon bald über ihre mit entsprechenden Apps ausgerüsteten Smart Phones ganz einfach vorkonfigurieren. Betreten sie den Coffee-Shop ihrer Wahl, wartet der Latte schon auf sie. (1), (2), (3)

## Lego setzt am PoS auf Dreidimensionalität

Zwar lässt sich darüber streiten, ob diese Aussicht tatsächlich so großartig ist, wie sie uns Trendforscher à la Müller vorgaukeln - Zeitgewinn und ein Mehr an Komfort dürften schließlich, wenn überhaupt, im Falle des Latte marginal sein. Andere Anwendungsgebiete, die die digitale Revolution dem Point of Sale erschlossen hat, sind da schon eindrucksvoller. Der Spielwarenproduzent Lego hat beispielsweise seine Shops bereits im vergangenen Jahr mit Spezialterminals ausgerüstet. Kunden, die sich vor dem Kauf einen Eindruck verschaffen möchten, wie das zusammengesetzte Spielzeug einmal aussehen wird, halten einfach die Verpackung vor einen Monitor und bekommen prompt eine 3-D-Ansicht des fertigen Bausatzes. Wendet der Käufer den Karton, dreht sich das Modell in der dreidimensionalen Ansicht mit. (1)

# Manche technischen Innovationen erinnern an alten Wein in neuen Schläuchen

Neben digitaler Technik gibt es natürlich auch noch andere Ansätze, um den Kunden am PoS zu überzeugen. Die Firma Air Creative mit Sitz im baden-württembergischen Rheinfelden will den Verbraucher zum Beispiel mit Gerüchen betören. Oder besser gesagt: mit der Abwesenheit von schlechter Luft. Air Creative hat zu diesem Zweck eine spezielle Beduftungsanlage entwickelt, die zwar nicht mit Lavendel- oder Maiglöckchenaromen arbeitet, dafür aber dem Konsumenten Neutralluft vorgaukelt. Auch der Musik kommt am PoS eine immer größere Rolle zu. Die Firma s12 GmbH hat sich beispielsweise auf Soundbranding spezialisiert. Sie wählt zur Beschallung des Point of Sale Titel aus, die zur Zielgruppe und zur Marke passen. Diese Strategie im Kampf um den Kunden scheint zu überzeugen: Zu den Kunden der Agentur zählen immerhin so namhafte Unternehmen wie Mister*Lady und S.Oliver. Doch selbst wenn diese PoS-Taktiken tatsächlich erfolgreich sein sollten, was nur schwer nachzuweisen ist: Ein wenig erinnern diese als innovativ gepriesenen Techniken wie alter Wein in neuen Schläuchen. (3)

## PoS setzt zu neuen Höhenflügen an

Dennoch gilt: Der Point of Sale hat als Marketing- und Verkaufsstützpunkt noch lange nicht ausgedient. Im Gegenteil: Er setzt zu neuen Höhenflügen an. Dies zeigt eine Studie des Nielsen Media Research Instituts. Unter den so genannten Below-the-Line-Medien (BtL-Medien) verzeichnete der PoS 2010 das stärkste Wachstum mit Umsätzen von 55,8 Millionen Euro. Das entspricht einem Plus im Vergleich mit dem Vorjahr von immerhin 11,4 Prozent. (4)

## Point-of-Sale lässt Werbekanäle wie Blogs und Foren hinter sich

Eine Studie des Marktforschungsinstituts TNS Infratest, an der rund 7 000 Menschen aus sieben europäischen Ländern teilgenommen haben, unterstreicht die Bedeutung des PoS. In Deutschland erinnern sich die Verbraucher zwar hauptsächlich an Fernseh- (75 Prozent) und Printwerbung in Zeitungen (62 Prozent) und Zeitschriften (61 Prozent). Auf Platz acht der erinnerungsstärksten Werbeträger folgt aber schon der Point of Sale. Für ein BtL-Medium ist das gar nicht so schlecht. Das gilt vor allem auch im

Hinblick auf folgende Tatsache: Der PoS ließ immerhin Werbekanäle wie Blogs und Foren, SMS und MMS, Online-Empfehlungen und Videospiele, um die noch immer ein ungeheures Ballyhoo veranstaltet wird, hinter sich. (7)

# Trends

## Trendsetter Japan: Digitalplakate mit maßgeschneiderter Werbung

Nils Müller, Geschäftsführer von TrendONE, sagt dank innovativer Technik eine vollständig personalisierte Werbung am Point of Sale voraus. Wie so etwas aussehen könnte, zeigt das Beispiel Japan: An Bahnhöfen nehmen in Plakaten integrierte Kameras vorbeilaufende Menschen auf. Das Filmmaterial wird hinsichtlich des Geschlechts und des Alters der Personen ausgewertet. Abhängig von den Informationen schneiden die Unternehmen ihre Werbung auf das Zielpublikum zu. (1)

# Fallbeispiele

## Bremer Modegeschäft will Umsatz mit Beduftungsanlage ankurbeln

Das Bremer Modegeschäft Roland Fashion ließ von Air Creative eine Beduftungsanlage einbauen. Ob sich die Investition gelohnt hat, kann Geschäftsführer Jochem Hauser allerdings nicht sagen. Selbst wenn der nicht wahrnehmbare Duft, der zum "allgemeinen Wohlbefinden beitragen soll", keine positiven Auswirkungen auf den Umsatz haben sollte, die Anschaffungskosten hielten sich in Grenzen. Pro hundert Quadratmeter zahlte Roland Fashion für die Anlage 1 000 Euro. Die Kosten für das Duftmittel, das alle sieben Wochen nachgefüllt werden muss, belaufen sich auf 30 bis 40 Cent pro Quadratmeter und Monat. (3)

## Lebensmittelhandel kommt ohne technischen Schnick-Schnack aus

Einige Branchen können den Verbraucher am PoS noch immer mit relativ einfachen Mitteln zufriedenstellen. Zu ihnen zählt der deutsche Lebensmittelhandel. Er kommt ohne technischen Schnick-Schnack aus. Eine gemeinsame Umfrage der Lebensmittel Zeitung und der UGW Communication unter 701 Kunden hat beispielsweise ergeben, dass Konsumenten sogenannte Mehrwertaktionen unwiderstehlich finden. Das sind zum einen Packungsgrößen, die aus der Norm fallen; zum anderen handelt es sich um "Multibuy-Aktionen", die gemäß dem Motto "3 kaufen, 2 bezahlen" funktionieren. (5)

## TeeGschwendner warnt vor Reizüberflutung am Point of Sale

Die TeeGschwendner GmbH mit Hauptsitz im nordrhein-westfälischem Meckenheim hat das Digital Signage am Point of Sale für sich entdeckt. Allerdings setzt das Handelshaus, das mit Franchiseunternehmen in Deutschland, in der Schweiz, in Österreich, Luxemburg, in den Vereinigten Staaten von Amerika, Kuwait und Saudi-Arabien kooperiert, die Technologie eher sparsam ein. Es verzichtet auf Animationen und Videos, sondern arbeitet ausschließlich mit Standbildern. Die Begründung der Marketingleiterin Birgit Bohn klingt einleuchtend: Das beratende Verkaufsgespräch habe Vorrang; man wolle Kunden vor einer Reizüberflutung bewahren. (6)

# Weiterführende Literatur

(1) Ausweitung der Werbezone
aus Lebensmittel Zeitung 40 vom 08.10.2010 Seite 039

(2) Was tut sich am Point of Sale?
aus "a3-boom" Nr. 10/10 vom 21.10.2010 Seite: 16

(3) Technik, die verkauft
aus TextilWirtschaft 20 vom 20.05.2010 Seite 036

(4) Nielsen zieht Jahresbilanz bei BtL / PoS-Werbung wächst am stärksten
aus horizont.net vom 24.01.2011

(5) Trends im POS-Marketing
aus HORIZONT 43 vom 28.10.2010 Seite 040

(6) Visuelle Verkaufsförderung
aus Der Handel Nr. 12 vom 01.12.2010 Seite 030

(7) Studie: TV- und Printwerbung hat den höchsten Erinnerungswert
aus horizont.net vom 08.10.2010

# Impressum

## Point of Sale (PoS) - Der Kampf um Kunden an der Marketingfront wird virtueller

**Bibliografische Information der deutschen Nationalbibliothek**

Die Deutsche Nationalbibliothek verzeichnet diese Publikation in der deutschen Nationalbibliografie; detaillierte bibliografische Daten sind im Internet über http://dnb.d-nb.de abrufbar.

ISBN: 978-3-7379-0784-2

© 2015 GBI-Genios Deutsche Wirtschaftsdatenbank GmbH, Freischützstraße 96, 81927 München, www.genios.de

Alle Rechte vorbehalten. Dieses Werk ist einschließlich aller seiner Teile – z.B. Texte, Tabellen und Grafiken - urheberrechtlich geschützt. Jede Verwertung außerhalb der Grenzen des Urheberrechtsgesetzes bedarf der vorherigen Zustimmung des Verlags. Dies gilt insbesondere auch für auszugsweise Nachdrucke, fotomechanische

Vervielfältigungen (Fotokopie/Mikroskopie), Übersetzungen, Auswertungen durch Datenbanken oder ähnliche Einrichtungen und die Einspeicherung und Verarbeitung in elektronischen Systemen.